कम्प्यूटर बना कैलकुलेटर

(बाल कहानियाँ)

जयन्ती रंगनाथन

भारतीय ज्ञानपीठ

बालोदय ग्रन्थमाला : ग्रन्थांक 33

ISBN 978-93-263-5456-1

कम्प्यूटर बना कैलकुलेटर
(बाल कहानियाँ)
जयन्ती रंगनाथन

प्रकाशक
भारतीय ज्ञानपीठ
18, इन्स्टीट्यूशनल एरिया, लोदी रोड,
नयी दिल्ली–110 003

आवरण व रंगीन रेखाचित्र : अभिषेक लाकड़ा
साज–सज्जा : महेश्वर

मुद्रक : चार दिशाएँ, नोएडा

पहला संस्करण : 2016
मूल्य : 40 रुपये

COMPUTER BANA CALCULATOR
(Child Stories)
Jyanti Rangnathan

Published by
Bharatiya Jnanpith
18, Institutional Area, Lodi Road
New Delhi-110 003
Ph. : 011-24698417, 24626467; 23241619 (Daryaganj)
Mob. : 9350536020; e-mail : bjnanpith@gmail.com
sales@jnanpith.net; website : www.jnanpith.net

First Edition : 2016
Price : Rs. 40

कम्प्यूटर बना कैलकुलेटर

इस बार जंगल के चुनावों में बंकू जेब्रा जीत गया। बंकू ने जंगल के जानवरों से कह रखा था कि जीतने के बाद वह सबके घर कम्प्यूटर लगवा देगा।

एनी हथिनी अपने घर में कम्प्यूटर लगने के नाम से बेहद खुश थी। उसने बहुत बढ़िया वाली लकड़ी से कम्प्यूटर रखने के लिए मेज बनवाया। मेज जिस दिन बन कर आया, वह सजधज कर बंकू के घर पहुँच गयी। बंकू उस समय अपने मैनेजर जीतू बन्दर के साथ मिल कर इसी बात पर माथा-पच्ची कर रहा था कि जंगलवालों को किया प्रॉमिस कैसे निभाए?

एनी हथिनी को देख बंकू घबरा गया। एनी एक अस्पताल में काम करती थी और जंगल के सभी जानवर उसे बहुत चाहते थे। खुद बंकू के कहने पर एनी ने घर-घर जा कर बंकू का प्रचार किया था और उसके कम्प्यूटर देने की बात बताई थी। इसी वजह से बंकू इतने अधिक वोटों से जीता था।

एनी ने जैसे ही बंकू को देखा, खुश हो कर बोली, ''मिनिस्टर जी, कब दे रहे हो कम्प्यूटर? मैंने तो अपने लिए एक मेज भी खरीद लिया है।''

बंकू हड़बड़ा कर बोला, ''बस दो-तीन दिन में एनी जी। सबसे पहले आपके ही घर लगेगा कम्प्यूटर।''

एनी खुश हो कर वहाँ से चली गयी। बंकू ने जीतू से पूछा, ''जंगल में कितने घर हैं?''

''तकरीबन सौ घर सर।''

''और उन सौ घरों में कम्प्यूटर लगाने का कितना खर्च आएगा?''

"एक कम्प्यूटर की कीमत पच्चीस हजार होगी, तो मान कर चलिए कम से कम पच्चीस लाख तो लग जाएँगे।"

बंकू उछल गया। पच्चीस लाख ? इतने पैसे सरकारी खजाने में भी नहीं है। उसने सोचा था कम्प्यूटर कोई मोबाइल जैसी चीज है, हजार रुपए में आ जाएगी।

बंकू ने कुछ हिसाब करते हुए जीतू से पूछा, "क्या हम कम्प्यूटर के बदले जंगलवालों को इससे मिलती-जुलती चीज नहीं दे सकते, जो सस्ता हो ?"

जीतू सोचने लगा, कम्प्यूटर से मिलती-जुलती चीज क्या हो सकती है ? अचानक उसके दिमाग में आयडिया आया, 'जंगल के जानवरों ने कम्प्यूटर का सिर्फ नाम सुना है, देखा नहीं है। आप उन्हें कम्प्यूटर के नाम पर जो चाहे दे दीजिए, उन्हें क्या फर्क पड़ेगा ?'

बंकू के दिमाग की बत्ती फौरन जल गई। वाकई जंगल के जानवरों को क्या पता चलेगा कि उसने उन्हें कम्प्यूटर के नाम पर क्या दिया है ?

अगले ही दिन जीतू शहर निकल पड़ा और लौट कर आया, तो अपने साथ कई दर्जन छोटे-बड़े कैलकुलेटर ले आया। जोड़-घटा, गुणा-भाग करनेवाले कैलकुलेटर उसे बड़े सस्ते में मिल गये थे।

यह देख कर बंकू खुश हो गया। फौरन उसने जंगल के पेपर में छपवा दिया कि जंगल के जानवरों के लिए कम्प्यूटर आ गये हैं और वे दफ्तर से आ कर अपना-अपना कम्प्यूटर ले जाएँ।

एनी यह पढ़ कर बहुत खुश हो गयी। वह सुबह-सुबह दफ्तर जा कर अपना कैलकुलेटर ले आई। कैलकुलेटर का साइज देख कर वह हताश हो कर बोली, ''मैंने तो सुना था कि कम्प्यूटर बड़े होते हैं। पर यह तो बहुत छोटा है।''

जीतू हँसने लगा, ''एनी, किस जमाने की बात कर रही हो? दस साल पहले बड़े होते थे कम्प्यूटर, अब तो इतने छोटे भी मिलते हैं कि जेब में रख लो।''

एनी को लगा कि फालतू में ही उसने कम्प्यूटर की वजह से मेज खरीद लिया। जंगल में बहुत कम लोगों को पता था कि एनी का बेटा डोडो अमेरिका में कम्प्यूटर मास्टर है। उस

रात एनी ने डोडो को फोन पर कहा—''पता है, बंकू ने हम सब जानवरों को कम्प्यूटर दिया है।''

डोडो खुश होते हुए बोला—''मम्मी, फिर तुम फोन पर बात कर पैसे क्यों खर्च कर रही हो ? ई-मेल करो ना या फेसबुक पर अपना अकांउट खोलो। हम मुफ्त में घंटों चैट कर सकते हैं।

एनी ने फोन पर डोडो से समझने की कोशिश की कि कम्प्यूटर कैसे चलता है। पर उसे तो अपने कैलकुलेटर में कोई स्क्रीन दिखा ही नहीं। डोडो ने कुछ खीझते हुए कहा—''अच्छा मम्मी, मेरा एक दोस्त बगल के जंगल में कम्प्यूटर की दुकान चलाता है। मैं उससे कहूँगा कि घर आ कर कम्प्यूटर फिट कर दे और तुम्हें सिखा भी दे कि चैट कैसे किया जाता है।''

दो दिन बाद डोडो का दोस्त चीनू बन्दर आया तो कम्प्यूटर की जगह कैलकुलेटर देख चौंक गया। एनी से कहने लगा, ''आंटी, आपको लगता है किसी ने बेवकूफ बनाया है। मुझे यह तो पता था कि इस जंगल में किसी को कम्प्यूटर के बारे में जानकारी नहीं है, पर

कैलकुलेटर को कम्प्यूटर कैसे समझ सकते हो ?''

एनी चौंकी, ''तो ये कैलकुलेटर है, कम्प्यूटर नहीं ?''

चीनू ने एनी को समझाया कि कम्प्यूटर होता क्या है, तो उसे बहुत खराब लगा कि बंकू ने भोले जंगलवालों को बेवकूफ बनाया है।

उसने फौरन सोचा कि उसे बंकू को कैसे सबक सिखाना है। अगले दिन वह बंकू के पास पहुँची एक किलो उसकी पसन्दीदा मिठाई रबड़ी लेकर और बोली, बंकू, तुमने जंगलवालों को कम्प्यूटर दे कर बहुत अच्छा किया। अब मैं एक कम्प्यूटर केंद्र खोलने जा रही हूँ, जहाँ जंगलवालों को कम्प्यूटर चलाना सिखाऊँगी। पता है इस काम के लिए मैं अमेरिका से एक बहुत बड़े एक्सपर्ट को बुला रही हूँ।

यह सुनते ही बंकू के होश उड़ गए। अमेरिका से एक्सपर्ट आएगा यानी उसकी पोल खुल जाएगी।

अगले दिन एनी ने अपने घर के सामने बड़ा-सा बोर्ड लगवा लिया—'कम्प्यूटर लर्निंग सेंटर'। जंगल के जानवर अपना-अपना कैलकुलेटर ले कर उसके पास आने लगे और उस

रात बंकू अपना बोरिया बिस्तर बाँध कर जंगल से चम्पत हो गया।

जंगलवालों को समझ आ गया कि बंकू ने उन्हें बेवकूफ बनाया है और बाकी नॉलेज तो उन्हें असली कम्प्यूटर से मिलना ही था, जो चीनू की मदद से जंगल में आखिरकार आ ही गया।

अंजी कहाँ चली ?

अंजी चिड़िया ने अपने लाल पंख फड़फड़ाए और अपनी सुनहरी गरदन पर हरे रंग का थैला लटकाये अपनी दोस्त मुच्चू के पास पहुँच गयी। मुच्चू ने लम्बी साँस भर कर कहा, ''तो अंजी, तुम हो गयी तैयार घूमने जाने को ? कितने मजे हैं तुम्हारे, हर साल दो महीने के लिए तुम बाहर घूमने जाती हो। जब लौट कर आती हो तो कितना कुछ होता है तुम्हारे पास मुझे बताने को।''

अंजी चहक कर बोली, 'वह जगह है ही ऐसी मच्चू, मैं पाँच साल से तुमसे कह रही हूँ, पर तुम टाल देती हो। अब तो तुम्हारे पंखों में भी चोट लग गयी है। कोई बात नहीं, इस बार मैं लाल पेड़ की सबसे ऊँची डाली से तुम्हारे लिए ढेर सारे रसीले फल ले कर आऊँगी। देखो, मैं कितना बड़ा बैग ले कर जा रही हूँ अपने साथ ?'

अंजी की आवाज में खुशी छलक रही थी। हर साल वह इसी समय सागर किनारे खूब पेड़ों से घिरे उस गाँव में छुट्टियाँ बिताने जाती थी। वहाँ लाल पेड़ की सबसे ऊँची डाली पर अपना घोंसला बनाती। कई जगह से पंछी आते थे वहाँ घूमने और छुट्टियाँ बिताने। सब मिल कर कभी सागर किनारे मछली पकड़ने निकलते तो कभी आसमान में उड़ने की रेस लगाते। अंजी बहुत तेज उड़ती थी, उससे रेस लगाना वाकई मुश्किल था। फिर सब अलाव जला कर कभी मछली भून कर खाते, तो कभी आलू उबाल कर सैंडविच बना लेते। अंजी को मजा आता था सबके लिए खाना बनाने में और सबके साथ खाने में। हर साल उसे वहाँ कितने सारे नए और पुराने दोस्त मिलते थे। काला कौआ डिग्गू तो ना जाने कितनी दूर से उड़ कर आता था। डिग्गू बहुत अच्छी बाँसुरी बजाता था। अकसर रात को सागर किनारे चटाई बिछा कर

सबकी महफिल जमती। अंजी गाना गाती, छोटी-सी मैना पिप्पी सबकी नकल उतारती। फिर सब खूब बातें करते अपने देश और दुनिया के बारे में। सर्दियाँ शुरू होने से पहले सब दोस्त एक-दूसरे को अलविदा कह अपने वतन की ओर उड़ जाते।

अंजी साल भर इन्तजार करती कि अगला सीजन कब आएगा और वह कब जाएगी उड़ कर अपने दोस्तों से मिलने।

आखिरकार अंजी खुशी-खुशी मुच्चू को बाय-बाय कह उड़ने लगी। पूरे चौबीस घंटे का सफ़र था। रास्ते में खाने के लिए अंजी ने डिब्बा बाँध लिया था। लेकिन अपनी प्यारी जगह पर पहुँचने का इतना जोश था उसमें कि बिना खाए-पिए वह बस उड़ती रही।

पहुँची तो शाम हो चुकी थी। हमेशा की तरह उसने सागर किनारे अपना सबसे ऊँचा पेड़ ढूँढना शुरू किया, पर वहाँ तो उसका पेड़ था ही नहीं। अंजी को लगा कि वह गलत जगह पर आ गयी है।

इतने में उसे अपनी पुरानी दोस्त पिप्पी की धीमी-सी आवाज सुनाई पड़ी, "अंजी, तुम

आ गई ? तुम्हारे पास खाने के लिए कुछ है ना, दो दिन से कुछ खाने को नहीं मिला।''

अंजी ने चौंक कर पूछा, ''क्यों ? यहाँ तो रसीले फलों के कितने सारे पेड़ हैं ?''

''अब पेड़ कहाँ रहे अंजी'', पिप्पी रुआँसी हो कर बोली।

अंजी ने चारों तरफ देखा, उसे सबकुछ बदला-बदला सा लगा। सागर तो वहीं था, पर उसके किनारे उसे ऊँचे, लम्बे फलों से लबालब पेड़ों की जगह कुछ दूसरी ही चीजें दिखीं।

अंजी की समझ ना आया, 'ओए पिप्पी, इन पेड़ों को क्या हो गया ? ये सब मुझे अजीब से क्यों दिख रहे हैं ? ना हवा में हिल रहे हैं ना किसी की डालियाँ हैं। और देखो, एक-एक पेड़ इतना मोटा-ताजा कि..'

पिप्पी ने अंजी को रोक कर कहा, ''ये पेड़ नहीं हैं अंजी, सीमेन्ट की बड़ी-बड़ी बिल्डिगें हैं।''

अंजी ने ध्यान से देखा। रात के अँधेरे में बिल्डिंग देख कर उसे मजा आ रहा था। पेड़ नहीं है, फल नहीं है तो क्या हुआ ? ये अजूबा भी तो कम दिलचस्प नहीं। अंजी को अब सुबह होने का बेसब्री से इन्तजार था। इस चक्कर में वह रात को सो भी नहीं पाई। पिप्पी को उसने अपने घर से लाया खाना खिला दिया। सुबह-सुबह वह घूमने उड़ चली। सागर का किनारा

पूरी तरह मिट्टी से पाट दिया गया था और जहाँ पहले उसका सबसे ऊँचा पेड़ था, वहाँ बहुत ऊँची-सी बिल्डिंग बन रही थी। आसपास के भी पेड़ कट गये थे।

अंजी बिल्डिंग के अन्दर घूमने निकली। एक बिल्डिंग में अँधेरे कोने में उसे डिग्गू बैठा दिख गया। डिग्गू इतना काला और कमजोर दिख रहा था कि अंजी डर गयी। डिग्गू ने अंजी को देख कर अपने पंख हिलाए और कहा, "अंजी, मैं तो यह सोच कर आया था कि अब मैं यहीं रहूँगा, पर यहाँ भी वही हाल है जो मेरे देश में मेरे गाँव का है। मैं जिस बगीचे में रहता था, वहाँ बहुत बड़ा सिनेमा हॉल बन गया है।"

अंजी खुश होते हुए बोली, "तब तो तुम खूब फिल्में देखते होगे डिग्गू।"

डिग्गू ने सिर हिलाते हुए कहा, "हाँ, शुरू-शुरू में तो देखता था, पर अब लगता है कि पेड़ों पर झूलने और खुली हवा में रहने में ज्यादा मौज है। इसलिए तो उड़ कर यहाँ आया कि अब यहीं रहूँगा, पर यहाँ भी..."

अंजी ने डिग्गू की बात सुनी ही नहीं। उसे तो अच्छा लग रहा था नई-नई इमारतें देखने में। शाम तक वह यहाँ-वहाँ घूमती रही। उसे ध्यान नहीं आया कि उसे तो भूख लग आई है। पर खाने को फल तो थे नहीं। उसने सोचा कि सागर किनारे मछलियाँ खा कर पेट भर लेगी।

वह देर तक किनारे पर उड़ती रही। एक भी मछली नहीं मिली। थक कर लौटी तो पिप्पी उसका इन्तजार कर रही थी। अंजी उसके पास बैठती हुई जल्दी से बोली, "जोरों की भूख लगी है पिप्पी, कुछ मछली-वछली है तो खिला दो।" पिप्पी हँसने लगी, "अब यहाँ मछलियाँ भी हमें खाने को नहीं मिलती। जो लोग बिल्डिंग बना रहे हैं, वहीं पकड़ कर खा जाते हैं।"

पहले की तरह होता तो अंजी और उसके दोस्त हवा में गोते लगा रहे होते, सागर किनारे पिकनिक मना रहे होते। पर अब तो ऐसा यहाँ कुछ हो ही नहीं सकता। जब उसका लाल पेड़ ही नहीं रहा, तो बचा क्या? अंजी उदास हो गयी। पिप्पी ने उसे प्यार से समझाते हुए कहा, "अगले साल से हम कोई और ठिकाना ढूँढ लेंगे, जहाँ हम सब पहले की तरह खूब मजे कर सकें।"

अंजी तो कुछ और ही सोच रही थी। अब वह अपनी दोस्त मुच्चू के लिए रसीले फल कहाँ से ले जाएगी?

मिन्नी क्यों रह गयी भूखी ?

मिन्नी बिल्ली की उम्र बढ़ती जा रही थी। पहले तो एक दिन ऐसा नहीं जाता था जब वह दो-चार चूहे मार नहीं लेती थी। पर अब वह चूहे के पीछे तेजी से दौड़ नहीं पाती थी।

जब तक शरीर में जान थी, मिन्नी ने हमेशा अकड़ दिखाई। कभी किसी से दोस्ती नहीं की, अपनी चीजें शेअर नहीं की, किसी को ना वो अपने घर बुलाती थी, ना किसी के घर जाती थी। धीरे-धीरे उसके सभी दोस्त उससे कट गये।

अब तो यह हाल था कि मिन्नी को कई-कई दिन भूखा रहना पड़ता था। वह घर से निकलती, एक टुकड़ा ब्रेड या रोटी की तलाश में। जरा दूर जाते ही हाँफने लगती। उसने जिन्दगी में कभी सड़े फल या बासी खाना नहीं खाया था, पर अब उसे वह करना पड़ता।

एक दिन कुर्सी पर बैठे-बैठे मिन्नी रोने लगी। उसे समझ नहीं आया कि उसे अपने गुजारे

के लिए क्या करना चाहिए। अचानक उसे ध्यान आया कि कई दिनों से उसने कम्प्यूटर नहीं चलाया। क्या पता वहीं से कोई आयडिया मिल जाए।

इन दिनों उसके घर के पास गड्ढा खोदने की एक फैक्ट्री खुल गयी थी। वहाँ कई सारे चूहे काम करते थे। उनमें से एक चूहे ने विज्ञापन दे रखा था कि उसे फैक्ट्री के पास कहीं पेइंग गेस्ट घर चाहिए।

बस मिन्नी को आयडिया मिल गया। फौरन उसने चूहे के दिये नम्बर पर फोन मिलाया और उसे मिलने के लिए बुला लिया।

रिम्पू चूहा शाम को ही मिन्नी से मिलने आ गया। मिन्नी उसके सामने रोनी सूरत बना कर बोली, 'बेटा, मेरे बिल्ली होने पर मत जा। मैं बूढ़ी हो गयी हूँ। देख, मेरे तो दाँत भी हिलने लगे हैं। तुम आराम से यहाँ रहो, खाने-पीने का इन्तजाम मैं कर दूँगी। इस उम्र में मुझ तुम जैसा सहारा मिल जाए, यही काफी है। बस हर महीने मुझे हजार रुपए दे देना।'

रिम्पू ने घर के चारों तरफ निगाह डाली। घर बड़ा था और कमरे में दो थे। रिम्पू ने फौरन हाँ कह दिया।

मिन्नी ने खुश हो कर कहा, ''तुम नहा-धो कर आ जाओ। मैं कुछ खाने के लिए बनाती हूँ।''

रिम्पू के जाते ही मिन्नी के मुँह में पानी भर आया। ना जाने आज कितने दिनों बाद वह

चूहा खानेवाली थी। उसने सोच लिया कि जैसे ही रिम्पू नहा कर बाहर निकलेगा, वह उस पर हमला बोल देगी और इसके बाद मौजा ही मौजा... !

रिम्पू नहा कर गुनगुनाता हुआ निकला और उसने जोर से आवाज दी, ''मौसी, मैं बाजार से कुछ सब्जी ले आऊँ क्या ?''

मिन्नी कोने में घात लगाए खड़ी थी, रिम्पू की आवाज सुन कर घबरा गयी और एकदम से छलाँग लगाया। उसे नजर नहीं आया कि सामने एक बड़ा-सा फूलों रखने का गुलदान पड़ा था और उससे टकरा कर वह एकदम से जमीन पर आ गिरी। रिम्पू को कुछ समझ नहीं आया, वह दौड़ता हुआ मिन्नी के पास आया। मिन्नी के पाँव में चोट आ गयी थी और खून बह रहा था। रिम्पू ने फौरन से घाव साफ किया और पट्टी बाँधी और किसी तरह मिन्नी को घसीट कर पलंग तक ले आया।

मिन्नी को पलंग पर लिटा कर वह बाजार जा कर दूध और ब्रेड ले आया और अपने हाथों से मिन्नी को खिलाने लगा। मिन्नी यह देख कर रोने लगी।

रिम्पू ने धीरे से कहा, ''मौसी, कोई बात नहीं, तुम जल्दी से ठीक हो जाओगी, फिर खाना बना कर खिलाना। आज मेरे हाथ से खा लो।''

मिन्नी तो किसी दूसरे वजह से रो रही थी। अगर आज वह रिम्पू को मार कर खा जाती, तो जिन्दगी भर का सहारा उसके हाथ से निकल जाता। अब उसे अपने भविष्य की बिलकुल भी चिन्ता नहीं थी।

पेड़ के पचास पैर

वो पेड़ थोड़ा अजीब था। तुम्हारी तरह उसका भी एक नाम था तेजू। उसका यह नाम रखा था उसके दोस्त बिल्लू हाथी ने। तेजू इसलिए, क्योंकि पेड़ बिल्लू हाथी, चारू जिराफ और पिक्की हिरण से तेज दौड़ता था। पेड़ दौड़ता था ? बिलकुल, उसके पचास पैर जो थे। तेजू मस्तमौला पेड़ था, हरे-हरे पत्तेवाला। अपने ऊपर कभी किसी पक्षी को घोंसला बनाने नहीं देता, जैसे ही कोई चिड़िया या तोता तेजू के ऊपर बैठने की कोशिश करते, तेजू तेजी से भागने लगता और बेचारे डर कर भाग जाते।

चारू, बिल्लू और पिक्की तेजू के पक्के यार थे। अकसर वे चारों सैर पर निकल पड़ते, कभी पहाड़ पर रेस लगाने लगते, तो कभी बीच जंगल में पिकनिक मनाते। चारू, बिल्लू और पिक्की तेजू के घने छायादार पत्तों के नीचे सो जाते।

एक दिन शाम की बात है। तेजू नदी किनारे अपने दोस्तों के साथ गपशप कर रहा था। जब वह चलने को हुआ, तो उसे चींचीं की जोर की आवाज सुनाई दी। तेजू ने गुस्से से पूछा, ''ये मेरे ऊपर कौन आ कर बैठ गया है ? क्या तुम्हें पता नहीं है कि मैं एक जगह ठहरनेवाला पेड़ नहीं हूँ। मेरे पचास पाँव है और मैं हमेशा चलता रहता हूँ।''

चींची करनेवाली पग्गू चिड़िया बोली, ''देखो पेड़, मैं बहुत दूर से आई हूँ। तुम्हारे जंगल में नयी हूँ। मैंने बस आधे घंटे पहले अंडा दिया है। अगर तुम अभी हिलोगे, तो मेरे अंडे गिर कर टूट जाएँगे।''

पग्गू चिड़िया रोने लगी, तो तेजू का दिल पिघल गया, ''अच्छा रोओ मत। मैं अभी कहीं

नहीं जा रहा। पर सुबह होने से पहले अपने अंडे लेकर तुम कहीं दूर निकल जाना।''

पग्गू चिड़िया सोच में पड़ गयी कि वह सुबह तक अंडो को ले कर कैसे जाएगी ? कहाँ जाएगी ? सुबह हुई तो तेजू ने अपने पत्ते हिलाने शुरू किए, चिड़िया जाग गयी और उड़ कर उसके पास आ गयी, ''पेड़ भैया, प्लीज, मुझे कुछ दिन यहाँ रहने दो। जैसे ही अंडों से बच्चे बाहर निकलेंगे, मैं यहाँ से चली जाऊँगी।''

चिड़िया की रोनी आवाज सुन तेजू मान गया। कुछ ही दिनों की तो बात है। इसके बाद चिड़िया अपने बच्चों के साथ हो जाएगी फुर्र। तेजू से वैसे तो रोज ही बिल्लू, चारू और पिक्की आते थे, पर एक ही जगह पर बैठे-बैठे सब बोर होने लगे। बिल्लू मनमौजी था, उसे घूमने-फिरने में मजा आता था। अब वे तीनों कभी तेजू के नीचे बैठ कर ताश खेलते, तो कभी कुछ पका कर खाते।

धीरे-धीरे पग्गू चिड़िया के अलावा भी दूसरी कई चिड़ियाँ तेजू पर अपना घोंसला बना कर रहने लगी। एक दिन तेजू ने रीनू कोयल को कहते सुना, ''इस जंगल का सबसे घना पेड़

है तेजू। मैं तो यहीं घोंसला बना कर रहूँगी।''

तेजू जोर से चिल्लाया, ''नहीं, मेरे ऊपर कोई घोंसला नहीं बनाएगा।''

रानू तुनक कर बोली, ''जब पग्गू यहाँ रह सकती है, तो मैं क्यों नहीं ?''

तेजू चुप रह गया। पर उसने तय कर लिया था कि जिस दिन पग्गू के चूजे अंडे से बाहर आएँगे और उड़ने लगेंगे, वह अपनी डालियाँ झटक कर दूसरे घोंसलों को गिरा देगा।

पग्गू के बच्चे बड़े होने लगे। दिन भर वे चहचहाते, कभी इस डाल, कभी उस डाल कूदते। फिर धीरे-धीरे वे उड़ने लगे।

तेजू के तीनों दोस्त उसका इन्तजार करके थक गये। एक दिन चारू ने कह ही दिया, ''तेजू, देख मुझे नहीं लगता कि अब कभी तू हमारी तरह दौड़ पाएगा। तेरे ऊपर तो घोंसलों की भरमार है। तेरे पैर भी अब जमीन के अन्दर धँसने लगे हैं।''

तेजू ने लाचारी से उसकी तरफ देख कर कहा, ''बस कुछ दिन और मेरे दोस्त।''

धीरे-धीरे दोस्तों का आना कम हो गया और तेजू का मन चिड़ियों की बातें सुनने में,

उनके बच्चों को खेलता देखने में रमने लगा। आखिरकार एक दिन पग्गू अपने बच्चों के साथ वहाँ से उड़ गयी। उस दिन तेजू को लगा कि बस यही मौका है यहाँ से भागने का। उसने अपने जमीन में धँस गये पचास पैर बाहर निकालने की कोशिश की। पर यह क्या? उसके पैर तो जमीन से निकले ही नहीं। वे सभी जमीन के अन्दर जा कर जड़ बन गये थे। तेजू उदास हो गया कि अब वह कभी पहले की तरह दौड़ नहीं पाएगा, खेल नहीं पाएगा।

शाम को जब सब चिड़िया और दूसरे पक्षी थक-हार कर घर लौटीं और उनके बच्चे हँसने-खेलने लगे, तेजू की सब शिकायतें दूर हो गयीं। अब यही तो उसका परिवार है, और कितना मजा आता है सबके साथ रहने में और सबको सहारा देने में। उस दिन से तेजू राम वहीं जम गये। अब तो उसे तेजू कोई बुलाता भी नहीं है। उसके नये दोस्तों को उसका यह नाम नहीं पता ना।

तुम कभी जंगल जाओ, तो सबको बता देना कि कभी उसका नाम तेजू था और उसके पचास-पचास पैर थे और सबसे बड़ी बात...वह हिरण से तेज दौड़ता था।

❑❑❑